PIERRE ARRIGHI

SONETOS FUTBOLEROS

© Pierre Arrighi, 2020
Éditeur : BoD — Books on Demand,
12/14 rond-point des Champs Élysées, 75008 Paris
Impression : BoD — Books on Demand, Allemagne
ISBN *: 978-2-322-22137-0*
Dépôt légal : avril 2020

Texto y diseño gráfico: Pierre Arrighi

Para Ilse, mi alemana

Estos sonetos son versos que intentan transmitir razones y recuerdos encontrados. Apuntan al juego de rimas, en la huella de la poesía popular, a veces con un tono deliberadamente forzado, siempre con inspiración francesa. En su mayoría fueron escritos durante las primeras semanas del confinamiento determinado por la pandemia de COVID 19. Algunos datan del año 2003 y se refieren a seres queridos de la juventud. Todos se ciñen a la misma forma soneto, con versos de ocho pies y exigencia gala de rima rica. El *Soneto invertido*, último de la serie, vuelca el sistema habitual en 4-4-3-3, inaugurando un dispositivo de juego más ofensivo en 3-3-4-4, con los dos bloques de tres versos atrás y los dos de cuatro en clara proyección atacante.

Chantilly (Francia), 26 de abril de 2020

Pelota de Omar Traoré 15
Noche 16-17 de julio de 1950 17
Cámara lenta con Dios 19
Táctica 21
Pelota de goma en la Aguada 23
Lago del ganso salvaje (66') 25
Lev Yashin, чёрный орел 27
Gol de Ghiggia 29
Solé 31
Luis Cubilla 33
Estadio Centenario 35
Con Alberto en la tribuna 37
Chilena de Manicera 39
Sorocabana café 41
Admirez la technique de Rocha 43
Mineirazo 8 de julio de 2014 45
Aparición de Pelé 47
Mazalí 1930 49
Las selladas 51
Vicente 53
Yerba Sara 55
Confinado 57
Renkonto 59

Diez estrellas 61
Esférico 2003 63
Deportivo Francés 65
Back Bach 2003 67
Nombre premonitorio 69
En el liceo de mi padre 71
Perla 73
Equipo (con Spencer y Joya) 75
Segundo tiempo. Berna 1954 77
El abuelo 79
Sombra azul 81
Recoba igual 83
Soneto invertido 85

Omar Traoré vive en Keur Massar, suburbio de Dakar (Senegal), y fabrica pelotas artesanales con papel de diario. Este soneto evoca una de esas pelotas, diseñada en 2010, cuando Traoré tenía trece años. La foto del objeto figura en la página 79 del libro LAAR[1] *publicado por los artistas belgas Éric Dederen y Jacques Faton (taller Graphoui) en 2012.*

PELOTA DE OMAR TRAORÉ

Apretando prensa vieja,
cola y bolsas de nilón,
Omar Traoré hizo un balón.
Un defensa lo despeja,

y por el cielo de Dakar,
un aviso de color
le diseña un gajo en flor
bajo el pellejo de nácar.

Como tiene sus defectos,
el balón produce efectos
que interpelan al tropel.

Y cuando el meta la arroja,
desparrama tierra roja
la pelota de papel.

Obdulio Varela fue el emblemático capitán «negro» del conjunto nacional uruguayo que ganó la Copa del Mundo de 1950. Al término del encuentro decisivo, los observadores locales atribuyeron al mediocampista oriental un papel determinante de líder. Y es cierto que, para este carismático organizador, el fútbol era, sobre todo, «una cosa mental». El día de la victoria, después de cenar en el hotel, desoyendo advertencias de los compañeros sobre un clima de hostilidad del público local, Varela decidió salir. Reconocido por los vecinos cariocas, pasó la noche con ellos, tomando cervezas, confraternizando su emoción y recorriendo la ciudad hasta la madrugada.

NOCHE 16-17 DE JULIO DE 1950

De los flamantes campeones
mundiales, el capitán
fue el mayor de los leones,
el negro jefe, el titán.

Pero ahora, va desnudo
titubeando. La viveza
de la cancha le hace un nudo
en la garganta. La cerveza

que en los bares del Río eterno
tantos cariocas fraternos
le regalan, no lo alegra.

Menos aún lo redime. Negra
como esa noche de julio,
la culpa atormenta a Obdulio.

La película grabó para la eternidad el drama interior que avasalló al fino guardametas del Brasil, Moacir Barbosa, cuando el puntero derecho uruguayo Alcides Ghiggia anotó el segundo tanto. Pese a que la prensa lo designó mejor arquero del campeonato, Barbosa fue señalado por sus compatriotas como el gran culpable de la debacle del equipo que lucía entonces vestimenta blanca. Hasta la última hora de su vida, padeció la condena popular alimentada por dirigentes brasileños desde la altura de los poderes políticos y deportivos. La Seleção se negó a alinear guardametas negros hasta la titularización de Dida en el Mundial de Alemania de 2006. Barbosa murió el 7 de abril de 2000. Hasta el día de hoy no ha sido rehabilitado.

CÁMARA LENTA CON DIOS

Quebrado, bajo la carga
de fúnebres pesadillas,
el golero abre su amarga
ceremonia de rodillas.

Del barrial en que se hundía,
surge, y puja en la pared
dura del aire. Un día
llegará al fondo de la red.

Contra el cansancio aplastante,
vaga solo. Busca el suelo,
y alza los ojos al cielo

fijando a Dios un instante.
Quién sabe lo que Moacir
Barbosa alcanzó a decir.

En el continente europeo, el fútbol que desarrollan los jugadores en los estadios no es considerado como un juego sino como un trabajo de ejecución ordenado por un jefe, el entrenador. Esta óptica tiene dos fuentes históricas: la industrial (inglesa) y la militar (italiana). En los dos casos, se reserva al futbolista una función exclusivamente muscular y al técnico el monopolio de la parte intelectual. Las universidades teorizan estas ideas afirmando que en la calle los niños despliegan un fútbol libre y personal, un caos sin táctica, mientras que en los campeonatos de mayores, reinan el deporte planificado y los esquemas del pizarrón, a la par de una disciplina rigurosa y colectiva. El fútbol uruguayo se opone por su esencia misma a este corte artificial. Es la adjunción de la táctica implícita de la calle como parte de la táctica explícita del estadio.

TÁCTICA

Dicen medios extranjeros
–y algún sabio de Uruguay–
que en el *fútbol callejero*
táctica táctica no hay.

Que a ese nivel no hay soporte
cerebral, solo pureza
infantil, o sea pereza.
Y que «juego» no es «deporte».

Discrepo con esta gente.
Que lo diga o que lo calle,
todo niño inteligente

que hace fútbol en la calle
piensa el juego. Y lo que piensa
es táctica que comienza.

En canchas con un vago lateral de arena floja y otro con una línea movediza espumosa y blanca, nos entreteníamos por las mañanas de sol ardiente en la vasta playa de La Aguada (La Paloma, Uruguay). Al pie del rancho de los Astigarraga, disputábamos infinitos partidos de fútbol con la pelota de goma roja de tamaño medio. Aquellas esferas mágicas ya no se consiguen. Perdieron su mercado y su valor en detrimento de las más ordinarias imitaciones de las pelotas oficiales, que son duras, lastimadoras y pesadas, que no soportan el agua, que hieren si se les pega arena, que sacrifican la creatividad y la diversión de los niños, y que según advierten varios estudios recientes, ocasionan lesiones cerebrales cuando se cabecean sin la debida preparación.

PELOTA DE GOMA EN LA AGUADA

Playa de arena mojada,
suburbio de La Paloma,
donde corre sonrojada
una pelota de goma

ideal porque atesora,
bajo el sol adolescente,
la fuerza de aquellas horas
que queman hasta el presente.

Del desprecio –porque blanda,
porque roja, porque chica,
porque ni Puma ni Adidas–

la saco, como Dios manda.
Y la pico –así salpica–
por mis orillas perdidas.

Diao Yi'nan realizó el film Lago del ganso salvaje *(2019) en los suburbios de la ciudad de Wuhan, punto de partida de la epidemia que se vive. El héroe, un joven delincuente perseguido sin tregua por la policía, muere acribillado en las orillas fangosas del lago, luciendo la casaca albiceleste estampada con el 9 y el nombre de Gabriel Batistuta. Un poco antes, se ve la secuencia descrita en este soneto. Corren entonces 66 minutos del film, el mismo lapso de tiempo que marcaba el reloj del Maracaná cuando Juan Alberto Schiaffino anotó, pegándole mal a la pelota, el gol del empate.*

LAGO DEL GANSO SALVAJE (66')

Desde el mísero cuartucho
de un teatro delictivo,
en su arma, el fugitivo
carga dorados cartuchos.

Un respiro. Encañonea
hacia los diarios antiguos
de la pared. Su ojo exiguo
y agitado se menea

hasta que, bajo remotos
sinogramas, ve la foto:
murallas de gente tiesa,

y como un fantasma fino,
rematándola, Schiaffino.
El Maracanazo empieza.

A tres décadas de la desaparición del más temerario y espectacular goalkeeper de todos los tiempos, el soviético Lev Yashin, conviene cuestionar la imagen de «araña negra» que lo identifica y que se ajusta sobre todo a su trayectoria como arquero de hockey. Yashin (1929–1990) fue un player singularmente ofensivo, que no solo volaba a nivel de su línea de gol sino en cualquier punto del área y ante diferentes circunstancias, zambulléndose hacia adelante sobre los adversarios, en máximo riesgo físico, con esta idea fija: anticipar la eventual amenaza del ataque englobándola en la situación no menos peligrosa engendrada por su propia inconsciencia.

LEV YASHIN, черный орел

Una imagen de cautela
y de quietud (que me extraña)
lo enseña como «una araña
negra» en su arco, la tela.

Yo veo otra cosa. Una empresa
de conquista donde un rapaz
anhelante, nunca en paz,
busca la esfera, su presa.

Águila negra, no araña,
avanza siempre, bullendo,
hasta el confín de su zona,

y allí caza, zambullendo
de cabeza en la maraña
a riesgo de su persona.

Alcides Ghiggia jugó tres veces un papel clave en la victoria uruguaya de 1950 contra Brasil en Maracaná. Durante el descanso en los vestuarios, pidió ajustar la estrategia del ataque, recomendando habilitaciones rasantes de menor profundidad. En el primer tanto, metió el decisivo pase atrás que dio al pie de Schiaffino la fe del empate. En el segundo, fue conceptor autor. La repetitividad de este soneto pretende hacer eco a la insistencia tenaz del «veloz puntero uruguayo» y al hecho de que en fastidiosos entrenamientos personales, ensayaba exactamente las carreras que ocasionaron los goles en Maracaná, alternando, como en el partido decisivo, centro atrás y tiro contra el palo.

GOL DE GHIGGIA

Los ajustes anhelantes,
los intentos sucesivos
cada vez más adelante,
cada vez más incisivos,

más desestabilizantes,
sin duda más pensativos,
hasta ese crucial instante
de un pase más efectivo,

de un pique más trepidante,
de un tiro más fulminante,
de una pelota babosa,

tramposamente rasante,
que se cuela entre el parante
y las manos de Barbosa.

Carlos Solé (1916-1975), máximo relator de encuentros de fútbol, transmitió para «CX8 Radio Sarandí» de 1946 a 1975. Poseía una técnica narrativa sistemática consistente en compaginar cinco registros verbales bien diferenciados que correspondían, en su método, a los cinco niveles de intensidad posible que se daban a lo largo de un encuentro de fútbol. Para la rutinaria fase de construcción del juego: un fraseo demorado con un ritmo de trencito que moldeaban palabras con muchas «p» (pisa, pasa, para, pierde, pelota, punta, partido, etcétera). Para la situación de peligro: frases cortas, aceleradas. Ante la inminencia clara de gol: frases incompletas, sucesión de verbos sin predicado y sin sujeto o con sujeto implícito hasta lo telegráfico con volumen en crescendo y un cierto baileoteo verbal. Para el gol: el grito con el medido alargamiento y el posterior informe administrativo siempre ordenado de la misma manera: equipo, jugador, minuto y score. Finalmente, culminando, libre de la contingencia real, la exaltación poética del gol convertido, destacando sus particularidades. «Mamé» es mi abuela materna, Amira Bustamante; «el jardín», el fondo de la casa, que ya no existe, en la calle Roque Graseras 779 frente a la capilla.

SOLÉ

El relato de Solé
bien apretado a la oreja,
el balón como pareja
de un intranquilo balé,

y en el jardín de Mamé
yo era el encuentro. Metía,
con Solé que transmitía,
los goles que más amé.

A veces era un sopor
el trencito de vapor
de su voz. Y cada tanto,

se aceleraba el programa
hasta hablar en telegrama.
Era que se venía el tanto.

Luis Alberto Cubilla nació en Paysandú (Uruguay) en 1940 y falleció en Asunción del Paraguay en 2013. Fue, según la famosa expresión de Don Carlos Solé, «uno de los últimos exponentes de esas genialidades características del fútbol que otrora tuvo Uruguay». Bajo de estatura (un metro 70) y con cierta tendencia al sobrepeso, tenía la facilidad en el manejo, toque y tiro del balón que señala a los genios de este juego. El «Negro» Cubilla brilló en Peñarol, en Nacional y en Defensor. Jugó también en el Barcelona catalán y con River Plate argentino. Conquistó nueve veces el campeonato uruguayo, tres la Copa Libertadores, dos la Copa Intercontinental. Con el equipo celeste, jugó tres Copas mundiales: en 1962, 1970 y 1974.

LUIS CUBILLA

Entre defensas dudosas
dibujaba, sin borrón,
esas tramas novedosas
que salen sin pizarrón.

Dribleaba en una baldosa
sin levantar un terrón,
y de la esquina nudosa
se escapaba, de garrón.

A ese botín de charol,
lento sí, pero impulsor.
no le faltó nunca hebilla.

Fue campeón con Peñarol,
Nacional y Defensor.
¡El fantástico Cubilla!

El Estadio Centenario se edificó para la Copa del Mundo de 1930. Durante décadas, fue la cancha de los «grandes»: Peñarol (las franjas), Nacional (el bolsillo). Hoy es el escenario del seleccionado celeste. Nunca terminado, recuerdo los senderos gastados que conducían a las boleterías, los empleados tristes como encarcelados, las colas en la entrada, y las altas escaleras grises en las entrañas del cemento frío. Pero sobre todo, llevo grabado el choque emotivo que me infundían la visión súbita del cráter verde, y luego, la imbricación fascinante entre los colores queridos, los colores temidos y el naranja lustrado de la pelotita.

ESTADIO CENTENARIO

Viejo Estadio Centenario,
alma *filia* y alma *máter*
de un fútbol extraordinario
y que yo vi. Verde cráter

donde los dioses del juego,
con el bolsillo o las franjas,
sabían encender el fuego
de una pelota naranja.

En tu histórico crisol
se cruzaron mil ejemplos
de actitud y de comporte.

Entonces eras un templo
bajo los rayos del sol
y el fútbol un gran deporte.

Mi tío Alberto Levy me llevaba a ver los clásicos. Yo era una criatura tiernamente hincha de Nacional y él, casi fanático de Peñarol. En aquél tiempo no se reservaban las tribunas y las hinchadas rivales se mezclaban sin mayor enemistad. Mi recuerdo es que los partidos terminaban casi siempre empatados. No sé si es cierto o si es una ilusión producida por esa complicada dialéctica de sentimientos que hacía que a mi tío lo apenaba por mí la perspectiva del triunfo de su equipo y a mí me resultaba molesta por él la eventualidad de una victoria del cuadro albo. «Los dos negritos», punta derecha y punta izquierda, el ecuatoriano Pedro Alberto Spencer y el peruano Juan Víctor Joya Cordero, fallecieron en 2006 y 2007 respectivamente.

CON ALBERTO EN LA TRIBUNA

Hola Alberto. Aquí te escribo
estos versos muy inciertos,
porque no sé si estás vivo,
mi querido, o si estás muerto.

Digamos pues… que te siento.
Y que aunque explota el gentío
vos te quedás en tu asiento.
Que volviéndote más tío

que hincha de la aurinegra,
callás, cariñoso, el grito
de ese gol que no me alegra,

que me hicieron dos negritos
imparables e imprevistos.
Te pregunto… ¿Los has visto?

Jorge Manicera (1938-2012) actuó de 1962 a 1966 como defensor en el Nacional de Montevideo. Cinco años bastaron para consagrarlo en el corazón de la hinchada y de los especialistas que apreciaban su prestancia y sus salidas peligrosas y tranquilas desde el centro de su área, con el balón en los pies, driblando adversarios. La foto de la espectacular chilena ejecutada un domingo de sol intenso en ocasión de un clásico en el Estadio Centenario dio lugar a un famoso tríptico en el álbum de figuritas del año siguiente. Heber Pinto relataba entonces para cx12 Radio Oriental. Articulaba mucho, desplegaba un flujo rápido, y tenía la particularidad de adornar los momentos intensos de su narración con fórmulas verbales prefabricadas, tajantes y repetidas partido a partido, que penetraban en la memoria de los oyentes y despertaban mecánicamente su emoción.

CHILENA DE MANICERA

«Manicera es Manicera»,
sentenciaba Heber Pinto.
Igual concisión quisiera
dar a este cuadro que pinto.

Todo buen coleccionista
de figuritas recuerda
el tríptico con la vista
en una página izquierda:

la desguarnecida valla
salvada sobre la raya.
En el suspenso domina

la tranquilidad del gesto.
Da la impresión que camina.
Que lo que gira es el resto.

En mi época, circulaban sin discontinuar por las tribunas del Estadio vendedores ambulantes de café con el encintado tanque de lata, el traje auriverde, y el grito de «¡Sorocabana café café!». Hace diez años, en ocasión de un corto viaje a Montevideo, fui a ver un partido nocturno. Corría el frío y las tribunas estaban vacías. Un cafetero, que me pareció algo diferente de los que van y vienen por las gradas de la memoria, se sentó a mi lado y se puso a conversar. Recuerdo como si fuera hoy esos ojos pícaros cuando preguntó si existían «vendedores así» en Francia, y que luego, soñando en voz alta, evocó la revolución que podía llegar a hacer un negocio de esta índole en recintos tan prestigiosos como el Stade de France o el Parque de los Príncipes.

SOROCABANA CAFÉ

A veces en algún sueño
de esos que cargan su fé
en otro sol, otros dueños,
de los que no me zafé,

lo veo que pasa, risueño,
sin parar, entre la gente,
con su traje brasileño.
Sube y baja, diligente,

impersonal, repartido,
ajeno al antagonismo
dando espaldas al partido

salvo instinto (y nunca falla).
Porque si un gol ronda, ahí mismo
para, gira, mira y calla.

Pedro Virgilio Rocha (1942-2013) fue uno de los más grandes futbolistas uruguayos de todos los tiempos. Con Peñarol ganó siete campeonatos uruguayos, tres Copas Libertadores y tres Copas Intercontinentales. Con Uruguay jugó cuatro Copas del Mundo: en 1962, 1966, 1970 y 1974, y ganó la Copa América de 1967. La imagen coloreada impresa en la prestigiosa revista francesa captaba un instante del match inaugural del Mundial de 1966 en Wembley Stadium (Londres), entre los equipos de Inglaterra y Uruguay. Bailarín funambular, Rocha se iba afinando para abrirse paso en el centro de un denso grupo de mediocampistas blancos. Mantenía su equilibrio poniendo una mano en el pecho y otra atrás, y miraba para abajo como siguiendo una sinuosa línea imaginaria sobre la cual posaba con sumo cuidado las puntillas de sus pies de cristal.

ADMIREZ LA TECHNIQUE DE ROCHA

Sin duda el más elegante
salteño, y claro está,
el más completo. Gigante
escueto, tenía amistad

con la esfera. Una revista
francesa que estaba en casa
lo mostraba en imprevista
pose, filtrando por la escasa

margen libre entre diversos
ingleses, sus largas piernas
de cristal por siempre tiernas.

Para titular mis versos,
emocionado, copié
la leyenda que iba al pie.

El 8 de julio de 2014, en Belo Horizonte, Alemania aplastó a Brasil 7 a 1, metiendo cuatro goles en apenas 7 minutos. Esa comedia radical tuvo el gran mérito de borrar definitivamente la memoria negra y pasada de maldad, que se arrastraba desde la tragedia del Maracanazo. Durante la vigésima edición de la Copa de la FIFA, *se prohibió a los jugadores del equipo de Brasil responder a quienes les preguntaran sobre 1950. Así, el miedo fue creciendo, hasta explotar de golpe en plena cancha y sin avisar. Los jugadores auriverdes aparecieron entonces reducidos al estado fantasmal, como si fuerzas gigantescas les impusieran la idea de que más valía ceder por anticipado y sin honor, que someterse apretadamente bajo la presión de una final, a un suplicio gemelo al de 1950, esta vez contra los «enemigos» argentinos.*

MINEIRAZO 8 DE JULIO DE 2014

Desde su eterna condena,
tras infinita paciencia,
van a romper sus cadenas
los vencidos. A conciencia,

mueven los hilos feroces.
Inconexos ademanes
áureos huyen el roce,
y pasan los alemanes.

El sueño no se desmaya:
se desploma. Así castiga,
y la maldad ya no hostiga.

Agitando blancas mallas
irónicas, ríen dos niños
libres: Bigode y Zizinho.

Ver jugar a Pelé fue a la vez maravilloso y un golpe duro para los hinchas uruguayos. El Rey y sus acólitos practicaban un fútbol silencioso, en donde la pelota y el campo de juego parecían de goma, y los jugadores, acróbatas saltadores de otro espacio gravitacional. La idea de que surgía allí una nueva especie de fútbol inalcanzable para los demás, atravesó penosamente nuestros espíritus. Aquél Brasil que tocaba la cima del arte era el producto de un momento dado, cargado de altas energías sublimadoras de liberación racial, de reajuste social y cultural. Por desgracia, pero quizá también por suerte, esa forma tan elevada de jugar no volverá a darse nunca más.

APARICIÓN DE PELÉ

Un día lo vimos jugar…
a Pelé. Y fue un impacto…
el modo de conjugar
los gestos sellando un pacto

de suavidad entre él, elástico
felino, y su satélite.
En ese sigilo plástico
se nos escapó la élite.

Durante todo el partido,
nuestros toques, nuestros pases
–marcando secos compases

en mi corazón partido–
chocaron como latidos
arcaicos ante un impasse.

Andrés Mazali (1902-1975) cuidó el arco uruguayo durante la era dorada de las Olimpíadas Mundiales. Poseía un juego moderno y móvil, gran capacidad de captación aérea y ágiles reflejos. Ganó mucho: los dos Campeonatos del Mundo de 1924 y 1928, y tres Copas América, en 1923, 1924 y 1926. Hijo de corsos (franceses de Córcega) de la zona de Ajaccio, nieto de Venezziana Arrighi, Mazali fue también campeón uruguayo de básquetbol con el equipo del Olimpia en 1923 y oro de los Sudamericanos de 1920 en Chile en 400 metros vallas. Aunque era titular ineludible, «El Buzo» no jugó el Mundial de 1930 en Montevideo. Semanas antes del comienzo del campeonato, fugó del hotel donde estaba concentrada la selección, para pasar la noche con la novia. Cuando volvió, llegaba también la madrugada y el olvidado técnico de aquél seleccionado lo esperaba. Siguió un rudo altercado que, pese a la intercesión de los compañeros, se saldó con la exclusión del rebelde buen mozo.

MAZALÍ 1930

De las copas que jugó
Mazali, la más chisposa
fue con su futura esposa
la noche que se fugó.

Fue la prueba más grandiosa.
Aquél beso celestial
que valía más que un Mundial
la convirtió en una Diosa.

Agrego aquí que el galán
sabía muy bien que su plan
no le sacaba lo puesto.

Y que los cetros «de Europa»
brillaban más que una copa
como local… ¡por supuesto!

Todos los años, cuando empezaba la escuela, salía un nuevo album de figuritas. Como eran mucho más que raras, resultaba imposible sacar, en los sobres que comprábamos a diario en los quioscos del barrio, una «sellada». Años más tarde, supe que se llamaban así simplemente porque llevaban al dorso un sello del editor. Ni yo ni mis compañeritos del colegio, creo, vimos jamás cumplirse el sueño de dar, aunque sea una vez con una de esas maravillas. Cuando llegaban las vacaciones, cesaba la venta de figuritas en los quioscos y empezaba otra, más dudosa y prohibitiva, la de los vendedores ambulantes que, a lo largo de 18 de julio, la avenida máxima de Montevideo, en sus puestitos y caballetes improvisados, exponían las imágenes tan intensamente anheladas, envueltas en papel de celofán como estampitas sagradas.

LAS SELLADAS

No sé si era el calculado
poder de las descolladas…
el hecho es que por mi lado
nunca llegaban selladas.

Compraba y compraba, iluso,
pero pasada la escuela
tenía el álbum inconcluso.
Agravaban la secuela

las hileras de morochos
que al tiempito por Dieciocho
las vendían. Eran caras

y trampas para mi afán.
Yo ni miraba esas caras
envueltas en celofán.

De 1983 a 1986, en Francia, trabajé como operario técnico en una cooperativa que fabricaba e instalaba sistemas de telecomunicación. La planta de la AOIP, *Asociación de Obreros de Instrumentos de Precisión, se situaba a pocas calles de la Place d'Italie (París). Allí conocí a Vicente, mi hermano gallego. Teníamos en común el idioma, la soledad, las ganas de reír y de jugar, y un jefe libertario que me daba las horas de los viernes para que caricaturizara a los colegas de trabajo. Cada tanto, íbamos todos a jugar al fútbol a una linda cancha que quedaba a pocos pasos de los talleres. Vicente pretendía ser el golero del equipo. La ropa, los guantes, y sobre todo el arco, le quedaban demasiado grandes.*

VICENTE

Vicente Rodriguez Vega
Rodriguez Vega Vicente,
por mi memoria navega
tu personaje inocente.

Eras –no sé ahora– ancho
de músculo campesino.
Entre Manolito y Sancho.
Bien gallego… y parisino.

Y el golero de la empresa.
Tenías gruesas rodilleras,
gorra con visera impresa,

acolchado, canilleras,
manoplazas como de horno.
Y no atajabas un corno.

La radio que yo escuchaba concluía la transmisión entrevistando desde los vestuarios a los jugadores que habían anotado algún gol. Estos se veían invitados a escuchar con atención la grabación del relato que les correspondía, y a hacer algún comentario. Algo se invertía entonces porque el gol dejaba de ser puro gol para convertirse en algo literario, y el héroe pasaba a ser el relator radial, cuyas cualidades de observación y cuentista quedaban a merced del juicio de quien poseía la vívida experiencia de los hechos. El autor del gol de la apertura ganaba los cinco quilos de yerba y los niños oyentes creían que se los llevaba en el bolso deportivo, con la camiseta transpirada y los botines embarrados.

YERBA SARA

Era un relato distinto,
un gol liviano, virtual,
fresco aún, pero ya extinto,
flor del último ritual.

No sé si por cierto ahínco
de aliciente provincial
el que ganaba los cinco
era el del gol inicial.

Yo no me sentía tranquilo:
sabía que el gol importante
es el del último instante.

Y aunque el disgusto pasara,
a otro crack iban mis quilos,
los cinco de Yerba Sara.

Como se sabe, la Celeste lleva cuatro estrellas en la camiseta. Estas son oficialmente aceptadas desde el 2001 por la FIFA, *que en ocasión de cada ronda preliminar y de cada fase final de una de sus Copas, las aprueba como símbolos legales de Mundiales absolutos en aplicación del muy riguroso Reglamento del Equipamiento. De esas cuatro estrellas, por la cantidad de países y continentes representados, y por la deportividad reinante, las dos primeras son de lejos las mayores. En 1930, el boicot de los europeos y la actitud de la asociación argentina dieron una pésima imagen del fútbol. Y en 1950, aunque jugaron los ingleses por primera vez, el dolor excesivo que significó la derrota para Brasil desordenó los placeres del festejo.*

CONFINADO

La Celeste es cuatro estrellas
y las dos que abren la cuenta
son, para mí, las más bellas.
Y contra lo que se cuenta,

las más puras, las más netas.
Porque el olímpico entonces
ya era campeón de un planeta…
¡que cruzaba! Nuestro once

ganó después, en su cancha,
la tres, que Argentina mancha,
y en Brasil, la del cincuenta,

cuya memoria es tan cruenta.
Por eso digo de aquellas:
¡Dos luceros! ¡Más que estrellas!

Se dice con frecuencia que el fútbol es un lenguaje universal. Aceptando la exageración, se hace posible afirmar que tuvo más éxito que ese otro lenguaje universal, pensado y conocido como tal: el esperanto. La transmisión radial de un partido de fútbol en esperanto es un sueño humorístico, no una realidad. Aunque la zona geográfica dentro de la cual este idioma se practica (Esperantujo) cubre 120 países, la cantidad de hablantes es bastante baja, entre cien mil y dos millones. Existe una selección de fútbol del Esperantujo» que juega ritualmente un encuentro al margen del congreso anual. Luce una malla verde, como la esperanza, como el emblema de su propia idea, como el césped de las buenas canchas.

RENKONTO

Escuché todo un partido
transmitido en esperanto.
Me resultó divertido.
Celo quiere decir tanto,

pero no hubo: *poento*
(score) nulo (se dice *nenia*)
por *eksceso de prudento*
(aunque se dio mucha leña)

((*ligno de kimeno*)) o *manko
klaso*, dijo el *komentisto*.
(Ojo que *manko* no es manco).

Y sin embargo en el *benco
anstatauantos artistos
atendis. ¡Malrica audienco!*

Las casacas de las selecciones son, inevitablemente, un marco estrecho: cierran a los hombres que las lucen en un perímetro nacional. Dos enormes futbolistas uruguayos, Schiaffino y Ghiggia, lucieron, además de la Celeste, la camisa italiana, y de acuerdo con esa realidad personal «multinacional», puede decirse que suman hoy, en su historia particular, ocho estrellas de campeones del mundo. Unos cuantos jugadores de la actual selección uruguaya tienen nacionalidades que se agregan a la que les reconoce el fútbol y pueden por lo tanto vindicar, en su intimidad de hinchas, además de la patria de origen o la de futbolista, otras que se han ido sumando, por los abuelos y los hijos, y así enarbolar galaxias de diferentes países sobre un mismo pecho, un mismo cielo.

DIEZ ESTRELLAS

Côté France j'ai deux étoiles.
Más cuatro por mi alemana.
Por Uruguay cuatro igual.
¡Son 10 estrellas hermanas!

Me dirás que es pura maña.
sumar peras y grosellas,
Uruguay con Alemania
y Francia… ¡Si son estrellas

en el cielo de mi pecho!
Franjas de un mismo recuerdo,
tres tercios de mi casaca:

blanco centro, azul derecho
y claro celeste izquierdo.
¡Y esa nadie me la saca!

Nuestro compañero de liceo, el matemático Claude Cibils, no era, en el plano meramente futbolístico, un gran valor de nuestro equipo. Su visión de las cosas, científicamente soñadora, quedó patentada el día en que asistimos a un partido en el Centenario desde las gradas bajas de la Tribuna Olímpica. Atendiendo la pendiente que caracterizaba en aquella época el terreno de juego de este escenario y que hacía que, de los players que transitaban a lo opuesto, no veíamos la parte inferior de las piernas, Clodo sostuvo que allí teníamos una prueba patente de la redondez de la Tierra. Lo que sí observábamos, desde aquella altura y desde tan cerca, era la redondez de la pelota, y ese hecho, quizá poco matemático, de que el ruido que se oía cuando el jugador la castigaba nos llegaba con más fuerza pero menos atrasado que cuando íbamos a la parte alta de la Colombes.

ESFÉRICO 2003

El otro día fui al partido
bajo lluvia, mucho lodo.
Muy malo, muy aburrido,
y campo ahuecado, Clodo.

La vista casi me mata:
la Tierra ya no es redonda.
La cancha estaba rechata,
como usada, mala honda.

Me dijo un pibe del palco
que Arrighi, Brennan, Cibils,
eran como del cincuenta,

de la época de la Bilz.
(¿Te acordás la Bilz Sinalco?)
Y de teorías turbulentas.

Nuestra clase del Liceo Francés tenía su equipo de fútbol, el Deportivo Francés, que, inexplicablemente, lucía una camiseta con gruesas rayas horizontales aurigrana, más goda que gala, y chillona. Jugábamos varias veces por semana en alguno de los espacios disponibles entre La Estacada y el parque del Faro de la Punta Brava situado justo atrás del monumento a Juan Zorrilla de San Martín. Este último lugar me encantaba porque, entre las patas extravagantes de las palmeras y la presencia mágica del pequeño faro, me sentía en otro mundo. Tenía un inconveniente. Sobre la línea de fondo justo atrás de uno de los arcos, pasa el camino en bajada que va hasta la estación de bombeo. Cuando la pelota se iba por la pendiente, había que gritar ¡cloaca! y el que estaba más cerca tenía que correr a todo vapor para capturar la esfera antes de que alcanzara las zonas más irrespirables del antro.

DEPORTIVO FRANCÉS

Hay que decir la verdad:
el Deportivo Francés
era una calamidad:
meter goles, ni pensés.

Excepto dos integrantes
de estilo muy especial,
habilidad fulgurante
y gran sentido espacial.

Dejaron marcas de gasto
donde ya no crece el pasto.
Y ahora que se va el año

–como un recuerdo que flota–
veo correr una pelota
hacia las aguas del caño.

Entre quienes jugaban regularmente en las canchas de Punta Carretas, figuraban personalidades que son hoy celebridades como el profesor Henry Cohen, el sindicalista Andrés Olivetti, el biólogo Enrique Lessa, y la figura evocada en este verso, Leo Masliah, el muy prolífico músico de lo clásico y lo popular. Leo era uno de nuestros backs. Hacía uso de sus pies con menos dexteridad que cuando juega sobre las teclas de un piano y trasladando los dedos de ambas manos con gran rapidez y muy diabólica precisión, toca magistralmente oberturas, fantasías, conciertos, tocattas y fugas de otro Bach, titular indiscutible, Johann Sebastian.

BACK BACH 2003

En un lugar de la cancha
–digamos de back izquierdo–
hay un tipo que recuerdo
porque te metía la plancha.

Su gestual era excelente
para ensartarte un boleo
(«Hay pelotas que no leo
porque me saqué los lentes»).

Troncazo para el remate
se fue a jugar con el mate
abandonando los pies.

Y al cambiar de sintonía,
de canción en sinfonía
se ganó el número 10.

El apellido Solé deriva, según establecen especialistas, del catalán Soler, nombre que también circuló en Uruguay (la Casa Soler). La tauromaquia se impuso en Cataluña desde la Edad Media, contando con más de una docena de plazas fijas y con muchas más desmontables. Solé relataba con el torso desnudo, la toalla sobre los hombros, en medio de una nube de baho espeso. Era a la vez domador del encuentro, encarnación apasionada de las tribunas, y ese torito de cuero esforzado y herido, la pelota. No buscaba disimular el carraspeo que formaba totalmente parte de sus recursos narrativos, como una puntuación menor, provocada quizá por el lejano polvo de albero seco levantado por un pase sobre los ruedos de un bisabuelo olvidado.

NOMBRE PREMONITORIO

Fíjate Carlos Solé:
a la contienda aburrida
le agregaba mucho «olé»
y se volvía una corrida.

En su nombre estaba escrito
con sangre premonitoria
que todo debía ser grito,
que la pelota es historia,

que el goleador se agiganta
si el adversario es un toro,
y que entre guapeo y guapeo,

la pasión en la garganta
vibra salvando el atoro
con un franco carraspeo.

Mi padre, Jean-Paul Arrighi, dirigió el Liceo Francés de Montevideo del año 1948 hasta 1973. Desarrolló muchas otras actividades de enseñanza y traducción que, durante medio siglo, hicieron de él el alma de Francia en el Uruguay. El Liceo de mi padre estaba en 18 de Julio 1772, pegadito a la Biblioteca Nacional, donde se halla actualmente la Facultad de Bellas Artes. Después de las clases, esperando a mi papá, me iba al patio grande con una pelota de cuero gris saturada de polvo, que la limpiadora, una viejita de nombre Josefina como una esposa de Napoleón, me «prestaba». Y allí remataba incansablemente contra el elevado murallón medianero (contra la Biblioteca) apostando a mi gran puntería. No lejos de mí, en el escritorio que aún está, al final del ancho corredor de la planta baja, mi padre trabajaba. Los trigos del afiche con el cuadro pintado por Van Gogh en 1888, Moisson à la Crau avec Montmajour en arrière-plan, *formaban como una aureola atrás de su cabeza.*

EN EL LICEO DE MI PADRE

Cuando todos se habían ido,
cuando inundaba el liceo
un silencio detenido,
en el patio del recreo,

con una pelota gris
que me daba Josefina,
me iba a sacar, muy feliz,
nubes de pólvora fina.

¡Si habré sellado disparos
sobre el blanco coliseo!
Ojos negros, sin reparo,

como hinchadas de una fama
que no tuve. Aún los veo.
Y a mi padre que me llama.

Va un pequeño hola para la querida Lucía Frommel que fue compañera de escuela. Aunque la recuerdo por infinitas otras cosas, solo para que aparezca aquí su nombre y nos sobrevuele su carita, tomo la muy mala excusa de mencionar que era nieta del jugador celeste pionero, Marcos Frommel. Este back jugó en el seleccionado contra Argentina en 1907, un partido, y en 1908, dos. La petisa nunca nos habló nada de su pasado familiar futbolero. El lance mencionado es, evidentemente, soñado. Tampoco su primo, Emilio Falco, nos contó jamás durante los años de la escuela, las hazañas de su abuelo, Aníbal Falco, igualmente defensor del equipo nacional de la misma época. Así éramos. Secretos y futurizos.

PERLA

En nuestra clase de sexto
una chica se lucía.
Nos cabía cualquier pretexto
para charlar con Lucía.

Una vez me tiré el lance.
Le hablé de su abuelo Marcos.
Pero no me dejó chance.
Me dijo «le erraste al arco».

Ahora que estamos dispersos
como cuentas de un collar
pienso escribiendo estos versos:

¡Cómo me gustaría verla,
verla otra vez descollar!
¡La petisa, nuestra perla!

La formación peñarolense que dominó el fútbol en la década del sesenta, impactaba por el juego y la gran cantidad de notables individualidades en el medio campo y el ataque. Dicho poderío parecía manifestarse desde el momento en que los relatores anunciaban la composición del equipo que se aprestaba a ingresar al campo. La percusión que imponían al fraseo los nombres cortos, parecidos y rimados de los futbolistas era como fabricada de gusto para impresionar. Mil veces repetí a Pablo una formación aurinegra de aquél tiempo, sin duda idealizada, ya que según dicen los expertos jamás se juntó en ninguna cancha:

Maidana, Lezcano y Cano / González, Gonçálves y Caetano / Abadie, Rocha, Silva, Spencer y Joya.

EQUIPO (CON SPENCER Y JOYA)

No era sólo un gran problema
(sin aludir al decano
riel: un perfecto mecano)
era también un poema.

Lo abrían rimas y sistemas
(Mai-dana, Lez-cano y Cano,
Gon-zales-çalvez, Cae-tano).
Después arrancaba un tema

proseado por tres Vulcanos
que rompían cualquier esquema.
Y cerraban dos mohicanos

punteros (todavía queman)
de tamboril africano:
cabecita y su diadema.

La final de Berna –«el milagro» de Berna, para los alemanes– no fue solo un dramático partido de fútbol. Fue un cruce trágico de la historia, entre barbarie, duelo gitano y judío, reparto del mundo, totalitarismo pasado y futuro. A la indecisión deportiva se sumó pues el malestar que habría de dejar inevitablemente cualquiera de los dos resultados posibles. El diluvio que se abatió sobre la cancha y que, según los expertos, dificultó el juego técnico de Hungría y multiplicó la ventaja de los nuevos tapones atornillados Adidas, fue una señal del cielo, apuntando a que tras el título, asomara la perspectiva de un renacer humano.

SEGUNDO TIEMPO. BERNA 1954

Órdenes contradictorias
dan los dioses, acosando
aquí, y allá acusando,
entre diluvios de historia.

Apretadamente opuestas,
en los palos de los arcos
y en las nubes de los charcos
se entrechocan sus apuestas.

Y al final, rueda el balón,
y en su lento resbalón
sin freno, sella el desgarro.

Cruel enigma. ¿Quién guberna,
desde las nubes de Berna,
sobre estos niños de barro?

Mis nietos, por el lado de Pablo y de Elvire, son ultra futboleros y bastante fanáticos de la Celeste. Esta inesperada adicción hizo que el buen abuelo materno, Laurent Jurgensen, cambiara diametralmente sus valores en lo deportivo. Dotado de una gran memoria y de un muy buen estado físico pese a una reciente lesión en el pie derecho, se lo vio a menudo practicar hábilmente el balompié en los jardines, parques y plazas (squares, en francés), y en recientes reuniones familiares, manejar informaciones contundentes muy al día sobre los más remotos jugadores del fútbol uruguayo.

EL ABUELO

No lo ofenderé si apunto
al tiempo en que profería,
con dejos de aristocracia,
juicios sobre el fútbol vil,

y decía que en todo punto
de muy lejos prefería
–nos causaba mucha gracia–
el críquet, juego civil.

Después llegaron los nietos
que no lo dejaron quieto,
y entre jardines y *escuares*,

se le atenuó la bronquina.
Hoy patea tiros de esquina
y te habla mucho de Suárez.

En los partidos que se jugaban en pleno día, bajo el sol, en el Estadio Centenario, los colores de la verdad saltaban a la vista: el verde del campo, la camiseta del equipo querido, los tonos negativos del adversario. Se veía también un color general, la cambiante luz del día, que empezaba con el sol primaveral intenso y se cerraba con el asomo de la caída de la tarde. Los players marcaban esa evolución con su sombra, como las agujas de un reloj antiguo. La melancolía que se desplegaba lentamente con la contraluz de la tribuna se aunaba a la pena de la derrota, a lo estéril de un empate, y hasta al desborde de alegría, relativizándolo. Era como si todo el edificio desplegara el ala, como si una gigantesca bandera azul flotara sobre la gente, sobre la cancha, sobre las cenizas del juego.

SOMBRA AZUL

(Partido. Primera parte)
Bajo el sol dominical,
veraniego y vertical,
la misma luz se reparte.

(Complemento. Otra templanza)
Los nudos de sombra prieta
se desatan, manan grietas
que se estiran como lanzas.

(Descuentos. Fin del encuentro)
Una bandera de tul
tiende media cancha azul.

Y el alma de la afición,
exactamente en su centro,
siente una leve aflicción.

Dicen comentaristas de muy diversas nacionalidades que Álvaro Recoba fue el último genio. Comparto totalmente este parecer. El acuerdo mágico de Recoba con la pelota, el ritmo imprevisible y tan dispar de su carrera, continuamente reinventada, de sus toques, de sus cortadas y cambios de frente tangueros, muy sorprendentes, no encuentran equivalente. «El Chino» hablaba con una esfera en los pies. Contaba cosas manteniendo al lector de sus gestos en una anhelante expectativa, como en suspenso, subiéndolo al cielo del fútbol, de sorpresa en sorpresa. Ese pie izquierdo fue la esencia del arte. Su continua improvisación creativa se relaciona con el rasgo diletante y criticado de su trayectoria, pues es lo propio de esta especie singular buscar la máxima intensificación del placer inmediato, fuera de cualquier cálculo y en la total inconsciencia del futuro.

RECOBA IGUAL

Rueda, sopla, deja, drena,
corta, para, pisa, puja,
vuelve, toca, quiebra, frena,
duerme, arrastra, finge, empuja.

Barre, aparta, roza, tapa,
riza, curva, gira, urge,
abre, aleja, arrima, escapa,
cierra, esconde, alarga, surge.

Cambia, pasa, enrieda, elude,
rifa, invierte, suelta, alude,
cruza, engancha, carga, vuela,

cunde, achica, abrevia, cuela,
pica, apura, dobla, amaga.
Zurda pura, zurda maga.

Corrían 85 minutos del match de cuartos de final de aquél 6 de julio de 2018. Francia le ganaba 2 a 0 a Uruguay y Griesman se aprestaba a patear un tiro libre peligroso cuando la televisión del mundo enfocó a toda plana el rostro de José María Giménez, que lloraba desconsoladamente, «en pleno partido», en el centro del muro celeste. Faltaban cinco minutos y el descuento. Bastante para pelear. Pero el llanto del defensa –son las lágrimas de la nueva generación uruguaya– pusieron fin al cómputo legal, enterrando al mismo tiempo el recurso agotado de «la garra» bajo el nuevo concepto de la inferioridad admitida.

SONETO INVERTIDO

Detén tu andar, agujilla,
que ya no tiene sentido.
Corta tu ciega carrera.

¿No ves? Se acabó el partido.
Al centro de la barrera,
corriendo por las mejillas

del futuro capitán,
otras agujas más largas
que las tuyas, más amargas,
marcan tiempos que no están.

Su mensaje, aunque desgarra,
no es difícil de entender:
hoy se terminó la «garra»
y hay que volver a aprender.

2020
POESÍA*POÉSIE
01